AF234142

*Instruction sur les moyens de donner
à l'alimentation dans l'armée un caractère rationnel.*

Paris, le 19 juillet 1909.

L'alimentation des corps de troupe, pour maintenir l'homme
en bon état de santé et de vigueur, doit satisfaire à trois conditions fondamentales : elle doit être saine, rationnelle, agréable au goût.

L'alimentation doit être *saine*, c'est-à-dire ne comporter au-
cune substance susceptible ou seulement suspecte de devenir
une cause directe ou indirecte de maladie pour le consomma-
teur; elle doit être exempte de toute denrée capable d'exercer,
par suite d'avaries ou de falsification, une action nocive sur
l'organisme. Les mesures rigoureuses prises depuis quelque
temps, les instructions précises données en vue de la sur-
veillance et de la répression des fraudes alimentaires, ont permis de réaliser cette première condition.

L'alimentation doit être *agréable au goût* ; l'homme de troupe
doit pouvoir la consommer, non seulement sans répugnance,
mais avec plaisir : c'est à cette condition seulement que les
mets pourront exercer dans l'organisme l'action réconfortante
et réparatrice qu'on attend d'eux. Les recherches physiologiques ont démontré que la saveur et la bonne préparation des
aliments jouent un rôle considérable dans leur digestibilité et
leur utilisation par le corps humain : les mets les plus sains et
les plus nutritifs par eux-mêmes ne sont tolérés que difficile-
ment par les organes digestifs, s'ils sont fades ou mal accom-
modés, et si l'excitation des nerfs gustatifs n'est venue solliciter
l'estomac et l'intestin au bon accomplissement de leurs fonc-
tions. Veiller à la bonne préparation culinaire des aliments

1

servis à la troupe n'est donc pas faire œuvre de luxe ou de pur agrément : c'est faire œuvre, au point de vue hygiénique, de haute utilité, et même de nécessité. Ces considérations ont trouvé leur forme pratique dans la publication du *Livre de cuisine militaire en garnison* (*Bulletin officiel* du ministère de la guerre, édition méthodique, n° 7 *bis*, Ordinaires, volume arrêté à la date du 22 novembre 1908). Les services rendus par ce formulaire ont permis d'accomplir dans la préparation des ordinaires des progrès considérables, fort appréciés des hommes et de leurs chefs.

L'alimentation doit être enfin *rationnelle*, c'est-à-dire qu'elle doit fournir journellement, à chaque homme, en quantité convenablement déterminée. chacun des groupes de substances chimiquement définies dont l'ensemble constitue les denrées naturelles, et qui existent en proportions très différentes dans ces diverses denrées. Il faut, en outre, que le chiffre des diverses substances à introduire dans la ration journalière soit calculé de manière à fournir à l'homme, au total, une quantité d'énergie potentielle susceptible de couvrir tous les besoins physiologiques de l'organisme, et déterminée en conséquence.

La détermination, sous le rapport de la composition chimique et de la valeur énergétique, de la ration moyenne à fournir à l'homme de troupe, a été comprise au programme des travaux de la commission mixte instituée par dépêche ministérielle du 5 juin 1907, n° 2828.2/5, en vue d'étudier et reviser la ration de vivres de l'homme de troupe. Cette commission, présidée par M. le professeur Armand Gautier, membre de l'Institut et de l'Académie de médecine, composée à la fois de membres militaires et de membres civils particulièrement désignés par leur compétence, a confié à l'un d'eux, M. le docteur L.-C. Maillard, professeur agrégé à la Faculté de médecine de Paris, l'étude physiologique de la ration des ordinaires. S'appuyant d'une part sur les données les plus récentes et les plus précises de la science physiologique, d'autre part sur les résultats d'une vaste enquête alimentaire dans les corps de troupe sur les points les plus divers du territoire, et sur les possibilités d'amélioration que suggère cette enquête, M. Maillard a pu présenter dans son rapport des conclusions qui paraissent entourées des plus sérieuses garanties.

Adoptées par la commission, ces conclusions conduisent à déterminer de la manière suivante la ration journalière *moyenne* la plus favorable à l'homme de troupe dans les circonstances ordinaires de sa vie :

1° La ration journalière doit fournir à l'homme, au total et *en moyenne*, un nombre de calories utilisables compris ontre 3,200 et 3,400 ;

2° La ration journalière doit avoir *en moyenne* la composition suivante (évaluée en matériaux *utilisables* par l'organisme) :

Matières protéiques	112-115 gr.
Matières grasses	70- 72
Matières sucrées et amylacées (hydrates de carbone)	500-540

On sait que les diverses substances contenues dans les aliments peuvent se classer, avec une approximation très suffisante pour le but que nous poursuivons, en trois groupes fondamentaux : 1° Les *matières protéiques* ou *albuminoïdes*, riches en azote, indispensables à la rénovation des tissus du corps, sont contenues principalement dans les aliments d'origine animale (viande, lait, fromages, œufs, etc.), puis dans les légumineuses (haricots, pois, lentilles), et dans le pain. 2° Les *matières grasses*, qui accompagnent toujours les précédentes dans la viande, en quantité plus ou moins grande, peuvent aussi être empruntées au règne végétal, soit sous forme d'huiles, soit sous forme de graisses plus consistantes (graisse de coco, par exemple), d'un usage très sain et très avantageux. 3° Les *matières amylacées* (hydrates de carbone), qui n'existent pas dans la viande, sont fournies surtout par les pommes de terre, le pain et les légumes secs. On doit y rattacher le *sucré*, très hygiénique sous toutes ses formes quand il n'est pas ingéré en quantité trop considérable. On peut enfin en rapprocher dans une certaine mesure le *vin*, qui, s'il n'intervient pas dans la reconstitution même des tissus, est, à doses modérées, un pourvoyeur d'énergie.

Les chimistes ont dressé des tables basées sur un grand nombre d'analyses, où l'on trouve la teneur moyenne de chaque espèce de denrée alimentaire en principes nutritifs de chacun des trois groupes : matières protéiques, graisses, hydrates de carbone. Lorsqu'on veut connaître la quantité de matière, réellement utile à l'homme, fournie par un certain poids de la denrée, il faut de plus tenir compte d'une correction résultant de ce que la matière ingérée n'est pas tout entière absorbée par l'organisme ; il reste toujours des résidus intestinaux. La perte globale peut être évaluée, dans le cas d'un régime alimentaire mixte du genre de celui qui est fourni à la troupe, à 10 p. 100 environ. Il faudrait donc, si l'on s'adressait aux anciennes tables de composition chimique brute, augmenter de un dixième environ les chiffres à prévoir.

Mais les tables alimentaires les plus modernes ont soin d'indiquer, non seulement le chiffre brut, mais le chiffre réel de *matière vraiment utilisable* contenue dans 100 grammes de la denrée. C'est de cette matière réellement utilisable qu'il s'agit dans les chiffres de la ration moyenne que nous avons donnés plus haut. C'est aussi sur cette base que sont calculés les tableaux, destinés à l'usage des corps de troupe, que l'on trouvera plus loin.

Lorsqu'on connaît, d'après ces tables, la composition chimique d'une ration, rien de plus simple que de calculer la quantité d'énergie mise à la disposition de l'homme. Les physiologistes ont reconnu que 1 gramme de matière albuminoïde réellement utilisée, au cours des transformations normales qu'il subit dans le corps, développe une quantité d'énergie équivalente à 4,4 calories (1), 1 gramme de matière grasse utilisable fournit en moyenne 9,4 calories, 1 gramme de matière sucrée ou amylacée fournit 4,1 calories. Il suffit de multiplier le chiffre de chacun des principes nutritifs *utilisables* par le coefficient qui le concerne (mat. protéiques 4,4, mat. grasses 9,4, mat. amylacées 4,1) et d'additionner les résultats pour avoir en calories la valeur énergétique totale de la ration.

Exemples de calcul d'une ration en calories.

```
          (Matières protéiques......   112 gr.×4,4=  492,8 cal.
Ration.  {Matières sucrées.........    70 gr.×9,4=   658   —
          (Matières amylacées.......   500 gr.×4,1=2,050   —
                                                    ─────────
                       Valeur énergétique....... 3,200,8 cal.

          (Matières protéiques......   115 gr.×4,4=, 506  cal.
Ration.  {Matières grasses.........    72 gr.×9,4=, 676,8  —
          (Matières amylacées.......   540 gr.×4,1=2,214   —
                                                    ─────────
                       Valeur énergétique...... 3,396,8 cal.
```

Bien entendu, les limites approximatives de 3,200 à 3,400 calories, recommandées par la commission, ne sont que des moyennes, par homme et par jour, établies pour tout l'ensemble de l'armée française et pour les circonstances les plus diverses de la vie de garnison. Mais, il y a, suivant la constitution physique des hommes et suivant les fatigues qu'ils endurent, des différences individuelles ou temporaires très notables dont le commandement n'oubliera jamais de tenir compte.

Par exemple, dans les corps de troupe composés d'hommes

---

(1) On sait que la calorie (ou grande calorie) est la quantité de chaleur nécessaire pour élever, de 0° à 1° centigrade, la température de 1 kilogr. d'eau distillée (ou la quantité d'énergie équivalente sous une autre forme, l'énergie chimique des aliments par exemple).

de taille élevée ou soumis à une assez grande dépense de forces (cuirassiers, troupes d'artillerie, chasseurs alpins, etc.), on se rapprochera plutôt du chiffre supérieur (3,400 calories), qui pourra être au besoin dépassé. La cavalerie légère se contentera très facilement des chiffres inférieurs, etc.

Les jours où le service comporte des fatigues particulières, la ration sera renforcée, à l'aide des économies qui auront été réalisées antérieurement ; on utilisera avec profit le fromage, le sucre et le vin. Dans les garnisons exposées à un climat rigoureux, les périodes de grand froid comporteront une ration plus élevée, surtout en ce qui concerne les graisses et les matières amylacées.

Les principes, qui viennent d'être exposés et qui traduisent les notions physiologiques actuelles, devaient être portés à la connaissance des commandants de compagnie, non point sous la forme d'une règle absolue et immuable, mais à titre d'indication, afin de leur permettre d'organiser l'alimentation du soldat dans les conditions les plus profitables à la santé et à la vigueur des individus. Ce sera pour eux un simple guide, mais un guide précieux pour l'élaboration des menus d'ordinaires.

Afin de faciliter l'application pratique de la présente instruction, M. le sous-intendant militaire Retel, chef de la section technique de l'intendance, a fait établir un tableau, dit Tableau n° 1, indiquant la teneur moyenne en principes nutritifs, c'est-à-dire en matières protéiques, graisses, hydrates de carbone, de chacun des mets dont la formule est donnée par le livre de cuisine militaire. Il est évident que les morceaux de viande entrant dans la composition d'un de ces mets sont plus ou moins riches en graisses, en matières protéiques, suivant qu'ils proviennent d'animaux plus ou moins gras ou simplement des différentes parties d'un même animal, mais, par contre, les compagnies touchent tantôt un morceau, tantôt un autre, de sorte que, si l'on considère non un jour déterminé, mais l'alimentation d'une période assez longue, un mois par exemple, la valeur moyenne des morceaux perçus par les différentes compagnies tend à s'équivaloir. En se basant sur ces considérations et sur l'analyse de nouveaux prélevés sur différentes parties d'animaux livrés à divers corps de troupe, il a paru possible de déterminer la teneur moyenne en principes nutritifs d'un kilogramme de viande provenant d'un bovidé bien en chair, comme le prévoient les cahiers des charges des fournitures à faire à la troupe.

Pour la viande de mouton entrant dans la préparation des ragoûts, on a admis les mêmes coefficients que pour le bœuf.

Il faut, en effet, remarquer que si, dans la viande de mouton, le rapport de la viande aux os est plus élevé que pour la viande de bœuf, par contre les os du bœuf, en cuisant avec la viande, donnent de la gélatine qui, sans être un aliment de même valeur que les albuminoïdes musculaires, est cependant en partie assimilable.

Pour les plats de mouton composés d'une partie déterminée de l'animal (gigot, épaule), de même que pour tous les comestibles autres que les viandes de bœuf et de mouton (porc frais, poissons, pain, légumes, fruits, lait, fromages, etc.), les chiffres représentant le nombre de grammes de matières protéiques (ou albuminoïdes), de graisse, d'hydrate de carbone digestibles fournies en moyenne par 1 kilogr. brut de l'aliment considéré tel qu'il est acheté sur le marché, ont été empruntés aux tables dressées par M. Alquier.

Dans l'en-tête de la colonne verticale correspondant à chaque denrée figure, au-dessous du nom de cette denrée, le nombre de grammes de matières albuminoïdes, de graisse, d'hydrate de carbone digestibles contenus dans 1 kilogr. de cette denrée telle qu'elle est achetée sur le marché, compte tenu des déchets moyens résultant de sa préparation ; c'est ainsi que l'on trouve que 1 kilogr. de pommes de terre fournit, après épluchage et cuisson, 13 gr. 2 d'albuminoïdes digestibles, 0 gr. 8 de graisse, 153 gr. 1 d'hydrates de carbone ; ce résultat suppose un déchet moyen d'épluchage de 24 p. 100 environ.

Sur la ligne horizontale correspondant à chaque mets, on trouve les denrées entrant dans la composition de ce mets, d'après les indications du livre de cuisine militaire ; c'est ainsi que dans un plat de bœuf miroton (préparé pour 100 hommes) on voit qu'il entre 16 kilogr. de bœuf, 0 kg. 500 de saindoux, 3 kilogr. d'oignons. Toutefois, pour ne pas rendre trop considérable le nombre des colonnes, on n'a pas indiqué au tableau n° 1 les épices (sel, poivre, ail, safran, muscade, bouquets garnis) entrant dans la composition des plats. Dans les colonnes verticales 2, 3, 4, ont été inscrites (en grammes) les quantités totales d'albuminoïdes, graisse, hydrates de carbone que renferme chaque plat préparé pour 100 hommes ; ces quantités résultent, comme il sera facile de s'en assurer, de l'addition des principes alimentaires contenus dans les denrées dont ce plat se compose.

Si les denrées entrant dans la composition des plats sont celles qui figurent au manuel de cuisine militaire et sont entre elles dans le rapport qu'indique ce volume, il y a certains mets dont le poids total n'est qu'une fraction de celui qu'indique le manuel de cuisine : ce sont le haricot de mouton, le cassoulet, l'épaule de mouton à la boulangère et à la bonne femme, les préparations aux haricots, aux lentilles, aux pommes de terre, les salades chaudes et froides, pour lesquels cette fraction est des deux tiers ; le ragoût de porc aux céleris-raves et le rôti de porc pour lesquels elle est des trois quarts. Le motif de cette réduction est qu'il est fort difficile, lorsqu'on prend pour ces plats les quantités portées au manuel de cuisine, d'arriver à composer des menus correspondant à un nombre journalier de calories compris entre 3,200 et 3,400. On a signalé, par une indication spéciale rappelée dans la colonne « Observations » du tableau, les mets pour lesquels il a été ainsi opéré et la fraction du poids indiqué par le manuel auquel chacun d'eux correspond.

Les plats dans la composition desquels entre une sauce spéciale sont marqués d'un astérisque ; dans la préparation des menus, il faut ajouter aux principes alimentaires du plat proprement dit ceux de la sauce qui le complète.

Le tableau n° 1 devra être complété dans chaque corps de troupe par une colonne faisant ressortir le prix de revient de chacun des mets, d'après la valeur des denrées entrant dans sa composition, aux tarifs des marchés passés par la commission des ordinaires. Il est facile, en effet, connaissant le poids des diverses denrées entrant dans la composition de chaque mets et le prix de chacune d'elles, de calculer le prix de revient du mets, et c'est là un renseignement fort important puisqu'il permet aux commandants de compagnie d'évaluer exactement la dépense qui devra résulter pour leur ordinaire du menu qu'ils auront choisi.

A l'aide du tableau n° 1 complété comme il vient d'être dit par le prix de revient des différents mets, le capitaine commandant la compagnie ou le lieutenant chargé de l'ordinaire établit à l'avance, pour chaque période de dix jours, le menu de l'unité, en ayant soin d'y tenir compte des distributions de conserves et autres denrées qui seront faites par l'administration militaire pendant la période considérée.

Pour cela, cet officier indique dans une colonne les plats qu'il choisit et porte au crayon, en face de chacun de ces plats, la quantité d'albuminoïdes, graisses, hydrocarbones qui lui correspond d'après le tableau n° 1, ainsi que son prix de revient. Il additionne ensuite les prix de façon à s'assurer que la dépense totale ne dépassera pas les allocations, c'est-à-dire la somme fixe que l'ordinaire peut dépenser journellement pour un homme multipliée par 1.000 (puisque le menu s'applique à la nourriture de 100 hommes pendant dix jours.) Cette première constatation faite, l'officier additionne les colonnes relatives à la teneur des divers plats en principes nutritifs et compare les totaux ainsi obtenus à la valeur alimentaire de 1.000 rations composées suivant les *desiderata* de la commission d'alimentation, savoir :

    Albuminoïdes, 112,000 à 115,000.
    Graisses, 70,000 à 72,000.
    Hydrocarbones, 500,000 à 540,000.

Pour effectuer cette comparaison, il faut avoir soin d'ajouter aux principes alimentaires contenus dans le menu de dizaine, ceux des aliments distribués chaque jour aux hommes, et qui ne figurent pas dans ce menu, savoir : le pain de repas et le sucre (1). En supposant que la ration journalière renferm...

    Pain de repas, 675 grammes ;
    Sucre, 5 grammes.

on trouve pour ces aliments :

ALIMENTS.	RATION JOURNALIÈRE.	PRINCIPES ALIMENTAIRES UTILISABLES CONTENUS DANS 1.000 RATIONS.		
		Albuminoïdes	Graisse.	Hydrocarbones.
Pain de repas.......	0k,675	46,845	6,412	355,657
Sucre.............	0k,005	»	»	4,845
Totaux.............		46,845	6,412	360,502

En opérant ainsi pour le menu de la première dizaine du tableau n° 2, on obtient :

---

(1) Nous ne faisons pas entrer en compte le café, malgré son action physiologique, parce que les diverses substances que contient l'infusion, en quantité d'ailleurs fort minime, ne peuvent être comparées, en raison de leur nature chimique, aux matériaux alimentaires proprement dits.

	ALBUMINOÏDES.	GRAISSE.	HYDROCARBONES.
Menu de dizaine du tableau n° 2..	67,194	65,472	155,513
Aliments en dehors du menu (pain de repas, sucre)	46,845	6,412	360,502
Totaux............	114,039	71,884	516,015

Si le poids total des albuminoïdes est sensiblement inférieur à 112,000 grammes ou fortement supérieur à 115,000 grammes, l'officier chargé de la préparation du menu modifiera quelques-uns des plats de façon à ramener le total des albuminoïdes entre ces deux chiffres ; il agira de même si le total des graisses n'est pas compris entre 70,000 et 72,000 grammes, le total des hydrocarbones entre 500,000 et 540,000 grammes.

Il ne restera plus ensuite qu'à mettre le menu de dizaine en concordance avec le tableau de service de la compagnie, en faisant consommer les plats les plus riches en graisses notamment les jours de grande fatigue, marche militaire, service en campagne, etc.

Cette préparation des menus est en réalité très simple et ne demande pas plus d'une heure de travail à l'officier qui en est chargé, surtout s'il a sous les yeux une série de menus tout faits s'appliquant par exemple à l'ensemble d'un mois. Le menu ainsi établi s'applique à un effectif de 100 hommes ; il faut maintenant établir les bons relatifs aux denrées journalières à percevoir à la commission des ordinaires pour l'effectif réel de la compagnie. Supposons que les repas du lendemain se composent des plats ci-après :

Matin................... { Potée à la charcutière. / Fromage blanc.

Soir................... { Potage croûte au pot. / Bœuf bouilli. / Pommes de terre frites.

Le caporal d'ordinaire trace, au moyen du tableau n° 1, autant de colonnes qu'il y a de denrées différentes à prendre en laissant de côté celles (oignon par exemple) dont le cuisinier possède une provision que l'on renouvelle lorsqu'elle est près d'être épuisée. Puis, à l'aide du tableau n° 1, il porte dans chaque colonne la quantité de denrées nécessaires pour chaque plat et pour 100 hommes.

Il totalise ensuite chaque colonne et, par un calcul très simple, détermine la quantité, proportionnelle à l'effectif des hommes présents vivant à l'ordinaire, des denrées à demander sur le bon.

DENRÉES.	PAIN.	TÊTE de porc.	POMMES DE TERRE.	CHOUX.	CAROTTES.	NAVETS.	POIREAUX.	CÉLERI.	VIANDE de bœuf.	SAINDOUX.	FROMAGE blanc.
Potée à la charcutière..	5	25	15	25	4	1	2	»	»	»	»
Fromage blanc.........	»	»	»	»	»	»	»	»	»	»	4
Potage croûte au pot..	5	»	»	6	4	2	1	0,500	»	»	»
Bœuf bouilli...........	»	»	»	»	»	»	»	»	16	»	»
Pommes de terre frites.	»	»	40	»	»	»	»	»	»	1,5	»
Totaux.......	10	25	55	25	8	3	3	0,500	16	1,5	4

Soit une compagnie ayant 115 hommes vivant à l'ordinaire pour la journée en question, le bon de denrées sera le suivant :

BON DE DENRÉES

Pain.	11^k,500	Navets.	3^k,500
Pommes de terre.....	63^k	Poireaux. ·	3^k,500
Choux.	35^k,500	Céleri.	0^k,600
Carottes.	9^k,200	Saindoux.	1^k,700

Pour la préparation des plats prévus, il y aura lieu d'ajouter à ces quantités :

1° La viande à percevoir chez le boucher, soit :

Bœuf.	18^k,400	Têtes de porc (non désossées).	28^k,800

2° Le fromage blanc à acheter en ville :

Fromage blanc. . . . . . 4^k,600

Pour faciliter la préparation des menus, le tableau n° 2 donne, à titre d'exemple, trois menus de dizaine s'appliquant à l'ensemble d'un mois. En supposant, comme plus haut, que le pain de repas soit perçu à raison de 675 grammes, le sucre et le café à raison de 5 grammes par homme et par jour, ces menus fourniront en moyenne, par homme et par jour, en principes alimentaires utilisables :

Albuminoïdes, 112 gr. 94 ;

Graisses, 70 gr. 84 ;

Hydrates de carbone, 512 gr. 73,

ce qui correspond à 3,265 calories utilisables.

L'application du tableau n° 1 à la préparation des menus ne tend nullement à restreindre la large initiative laissée aux commandants d'unités par la circulaire ministérielle du 22 novembre 1908, insérée en tête du *Livre de cuisine militaire* ; elle a pour but de leur permettre de faire l'usage le plus convenable de ce manuel en se rendant compte, d'une façon précise et à l'avance, de la valeur alimentaire et du prix de revient des menus qu'il permet de composer. Et si les commandants d'unités sont amenés exceptionnellement à faire usage, pour l'alimentation de leur compagnie, de préparations qui n'y sont pas décrites, ils pourront facilement, en appliquant aux denrées entrant dans ces préparations les coefficients indiqués au tableau n° 1, se rendre compte très approximativement de leur valeur alimentaire réelle et déterminer dans quelle mesure il convient de les employer.

Les conseils qui viennent d'être ainsi donnés pourront paraître, à première lecture, un peu minutieux ; mais on ne tardera pas à se convaincre, par l'expérience, de leur simplicité réelle et de leur caractère pratique. L'influence primordiale de l'alimentation sur la santé de l'homme est aujourd'hui reconnue dans tous les milieux. Individus ou collectivités doivent se conformer le mieux possible, en vue de leur bien-être, aux indications fournies à cet égard par la physiologie. Et si, dans cet ordre d'idées, l'armée donne l'exemple, elle n'aura pas seulement, ce qui est un de ses devoirs essentiels, développé la vigueur physique de ses soldats, elle leur aura enseigné une fois de plus de précieuses notions d'hygiène dont ils recueilleront plus tard les bienfaits.

Paris, le 19 juillet 1909.

Le Sous-Secrétaire d'État
au ministère de la guerre,

HENRY CHÉRON.

ORDINAIRES

Valeur alimentaire des mets décrits dans le « Manuel de cuisine en garnison ».

Nota. — Les mets, en face desquels se trouve un astérisque, doivent être complétés par une sauce dont la composition et la valeur alimentaire sont données sous la rubrique : « Formules complémentaires ». Cette valeur alimentaire doit être ajoutée à celle du mets proprement dit.

Une indication portée dans la colonne « Observations » signale les potages qui se confectionnent avec du bouillon, et ceux dans la composition desquels on peut faire entrer à volonté du bouillon ou de l'eau.

Pour les apprêts de poissons et de viandes, l'indication « légumes » portée dans la colonne « Observations » signale ceux dans lesquels la proportion légumes est assez grande pour qu'il ne soit pas indispensable d'y ajouter dans la composition du repas, un plat spécial de légumes.

NOMENCLATURE DES PLATS.

- Albuminoïdes …
- Graisses …
- Hydrocarbures …
- Alcool …

Potages.

- Pot au feu …
- Potage semoule au pot …
- aux pâtes d'Italie …
- au vermicelle …
- à la semoule …
- au tapioca …
- au riz …
- Soupe aux choux et aux pommes de terre …
- Potée à la chevalière (repas complet) …
- Soupe paysanne au pain …
- — au riz …
- Potage parisien …
- oseille et vermicelle …
- Monaco …
- Pithiviers …
- julienne au riz …
- Marguery …
- Condé …
- velours …
- purée Crécy …
- Crécy à la paysanne …
- Parmentier …
- purée de pois au croûtons …
- purée à la chiffonnade et au riz …
- Faubonne ou julienne purée …
- purée potiron à la paysanne …
- purée potiron à la l'impératrice …
- à l'oignon …
- Tourin au vermicelle …
- à la farine …
- Barbure languedocienne …
- Soupe de tripes au riz …
- au vermicelle …
- au tapioca …
- soupe antillaise …

Œufs.

- Œufs durs à la fermière …
- à la tripe …
- au lait …
- à la bourguignonne …
- Œufs durs à la sauce blanche …
- laitue … au naturel …
- Pain d'œufs au fromage et au lard …
- Œufs brouillés aux tomates et au fromage …
- Œufs froids à la tartare …

Poissons.

- Cabillaud sauce blanche …
- Colin hollandais …
- Colin à la provençale …
- Morue en bâtarde de mer, à la vinaigrette …
- Poissons frits …
- Sardines blanches à la maître d'hôtel …
- Harengs à la provençale …
- Harengs sauce moutarde …
- Morue grillée à la Bercini …
- Merluche à la marinade …
- Morue en bouillabaisse …
- Salade de morue chaude …

NOMENCLATURE DES PLATS.

VALEUR ALIMENTAIRE

OBSERVATIONS.

Apprêt des viandes.

Légumes et pâtes.

NOMENCLATURE DES PLATS	VALEUR ALIMENTAIRE			PRIX DE REVIENT	...	OBSERVATIONS.
	Albuminoïdes.	Graisse.	Hydro-carbures.			
Albuminoïdes						
Graisse						
Hydrocarbures						
Alcool						

Légumes et pâtes (Suite)

- Choux rouges à la flamande
- *Choux-fleurs à la vinaigrette
- *Choux-fleurs à la sauce blanche
- *Choux-raves au beurre
- Choucroute braisée
- Céleri à l'espagnole
- Céleri à la sauce blanche
- *Artichauts à la sauce blanche
- *Artichauts froids sauce Gribiche
- Pois frais au lard ou beurre
- Salades cuites
- Purée de céleri
- Salades cuites avec pommes de terre
- Purée d'oignons au riz
- Macaroni à l'italienne
-     — au gratin
-     — à la napolitaine
-     — à la fermière
- Riz Pilaff
- Le Risotto
- Risotto à la napolitaine
- Riz au lard à la paysanne

Salades chaudes et froides.

- Salades de pommes de terre
-     — de haricots blancs
-     — de lentilles
-     — de pommes de terre et haricots blancs
-     — de pommes de terre et de lentilles
-     — panachées pour l'hiver
-     — grenadières

Entremets.

- Riz au lait
- Gâteau de riz à la confiture
- Œufs au plat
- Pommes au riz
- Gâteau de pommes à la ménagère
- Pommes à la bonne femme
- *Beignets de pommes
- Compote de poires au vin rouge

FORMULES COMPLÉMENTAIRES.

Sauces chaudes.

- Sauce charcutière
-     — à la hussarde
-     — à la lyonnaise
-     — piquante
-     — Robert
-     — tomates avec purée de conserve
-     —   avec tomates fraîches
- Fondue de tomates
- Sauce blanche (dite Béchamel)
-     — à la moutarde
- Sauce ravigote chaude

NOMENCLATURE DES PLATS.	VALEUR ALIMENTAIRE.			PRIX DES DENRÉES.	SAINDOUX.	ŒUFS.	OIGNONS.	FARINE.	HUILE.	VINAIGRE (litres).	CORNICHONS.	MOUTARDE.	ÉCHALOTES.	POMMES.
	Albuminoïdes.	Graisse.	Hydro-carbones.											
Albuminoïdes	»	»	»	»	10,7	122,4	64,2	101,2	»	»	5,5	52,3	8,2	2,1
Graisse	»	»	»	»	893,0	103,5	5,5	10,0	900,0	»	2,9	45,9	1,2	2,2
Hydrocarbones	»	»	»	»	»	»	603,4	727,3	»	15,6	29,8	70,9	134,6	117,8
Alcool	»	»	»	»	»	»	»	»	»	»	»	»	»	»
Sauces froides.														
Sauce vinaigrette	»	2,700	23	»	»	»	»	»	3,000	1,500	»	»	»	»
— Gribiche	119	1,876	339	»	»	0,610	0,500	»	2,000	1,000	0,250	0,200	»	»
— mayonnaise	138	3,268	39	»	»	0,915	»	»	3,500	0,200	»	0,500	»	»
— tartare	139	3,268	45	»	»	0,915	»	»	3,500	0,200	0,200	0,500	»	»
— mousquetaire	171	3,271	368	»	»	0,915	0,500	»	3,500	0,400	»	0,500	0,100	»
— aux pommes à la suédoise	144	3,274	422	»	»	0,915	»	»	3,500	0,700	»	0,500	»	3,000
Pâtes.														
Pâtes à frire pour différents usages	127	193	909	»	»	»	»	1,250	0,200	»	»	»	»	»
Pâte ordinaire pour pâtés de viande chauds et froids	416	933	2,909	»	1,000	»	»	4,000	»	»	»	»	»	»
Pâte demi-feuilletée pour pâtés chauds ou tartes aux fruits	329	2,173	2,182	»	2,400	»	»	3,000	»	»	»	»	»	»
Fromages.														
Fromage blanc	1,254	201	68	»	»	»	»	»	»	»	»	»	»	»
— de Gruyère	685	609	63	»	»	»	»	»	»	»	»	»	»	»
— de Pont-l'Évêque	472	569	157	»	»	»	»	»	»	»	»	»	»	»
— de Port-Salut	541	643	47	»	»	»	»	»	»	»	»	»	»	»
— de Camembert	493	584	101	»	»	»	»	»	»	»	»	»	»	»
— de pays	508	573	130	»	»	»	»	»	»	»	»	»	»	»
Boissons.														
Vin (litre)	»	»	140	»	»	»	»	»	»	»	»	»	»	»
Bière française (litre)	»	»	129	»	»	»	»	»	»	»	»	»	»	»
Cidre (litre)	»	»	82	»	»	»	»	»	»	»	»	»	»	»

NOMENCLATURE DES PLATS.	FROMAGE BLANC.	FROMAGE GRUYÈRE.	FROMAGE PORT-L'ÉVÊQUE.	FROMAGE PORT-SALUT.	FROMAGE CAMEMBERT.	FROMAGE DU PAYS.	VIN (litres).	OBSERVATIONS.
Albuminoïdes	313,5	274,3	188,9	218,9	197,1	203,0	»	
Graisse	50,2	243,4	227,6	257,0	233,6	229,0	»	
Hydrocarbones	17,0	25,0	62,8	18,7	40,4	52,0	22,5	
Alcool	»	»	»	»	»	»	67,2	
Sauces froides.								
Sauce vinaigrette	»	»	»	»	»	»	»	
— Gribiche	»	»	»	»	»	»	»	
— mayonnaise	»	»	»	»	»	»	»	
— tartare	»	»	»	»	»	»	»	
— mousquetaire	»	»	»	»	»	»	0,500	
— aux pommes à la suédoise	»	»	»	»	»	»	1	
Pâtes.								
Pâtes à frire pour différents usages	»	»	»	»	»	»	»	
Pâte ordinaire pour pâtés de viande chauds et froids	»	»	»	»	»	»	»	
Pâte demi-feuilletée pour pâtés chauds ou tartes aux fruits	»	»	»	»	»	»	»	
Fromages.								
Fromage blanc	4	»	»	»	»	»	»	
— de Gruyère	»	2,500	»	»	»	»	»	
— de Pont-l'Évêque	»	»	2,500	»	»	»	»	
— de Port-Salut	»	»	»	2,500	»	»	»	
— de Camembert	»	»	»	»	2,500	»	»	
— de pays	»	»	»	»	»	2,500	»	
Boissons.								
Vin (litre)	»	»	»	»	»	»	»	
Bière française (litre)	»	»	»	»	»	»	»	
Cidre (litre)	»	»	»	»	»	»	»	

TABLEAU N° 2.

(Ce tableau n'est qu'un simple exemple.)

1re *dizaine*.

	ALBU-MINOÏDES.	GRAISSES.	HYDRO-CARBONES.	OBSERVA-TIONS.
1er *Matin*.				
Potage Parmentier.........	555	665	3,790	
Conservé miroton..........	2,986	1,268	2,626	
Lentilles maître d'hôtel....	1,251	319	3,672	
***Soir*.**				
Pot-au-feu................	548	72	4,008	
Bœuf sauce piquante......	2,407	2,012	776	
Choux braisés............	529	816	2,545	
2e *Matin*,				
Soupe aux choux et aux pom-mes de terre.............	555	73	4,131	
Epaule de mouton boulan-gère...................	1,668	2,169	3,866	
Fromage de Gruyère.......	685	609	62	
***Soir*.**				
Potage Monselet..........	144	466	2,727	
Bœuf rôti................	2,307	1,798	»	
Purée pois cassés.........	1,273	338	4,453	
3e *Matin*.				
Potée à la charcutière......	2,066	3,565	7,160	
Fromage blanc............	1,254	201	68	
***Soir*.**				
Potage croûte au pot.......	548	78	4,008	
Bœuf bouilli.............	2,306	1,642	»	
Pommes de terre frites.....	362	914	4,082	
4e *Matin*.				
Soupe paysanne au pain...	558	518	4,642	
Rôti de porc.............	1,332	3,877	»	
Choux braisés............	529	816	2,546	
***Soir*.**				
Potage vermicelle.........	431	69	3,129	
Ragoût de mouton au riz...	2,743	1,993	4,172	
Fromage de Gruyère......	685	609	62	
5e *Matin*.				
Soupe antiboise...........	262	597	2,511	
Colin sauce gribiche.......	2,371	2,918	339	
Carottes au blanc.........	566	383	4,513	
***Soir*.**				
Potage julienne riz........	310	510	2,620	
Hachis de bœuf de conserve.	2,814	1,177	1,090	
Haricots blancs maître d'hô-tel...................	1,190	333	4,207	
A reporter...	35,235	30,805	77,805	

	ALBU-MINOÏDES.	GRAISSES.	HYDRO-CARBONES.	OBSERVA-TIONS.
Report...	35,235	30,805	77,805	
6e Matin.				
Pot-au-feu..............	548	78	4,008	
Bœuf miroton............	2,615	2,113	2,626	
Choucroute braisée........	513	2,249	2,553	
Soir.				
Potage Condé.............	238	393	1,768	
Bœuf rôti.........	2,307	1,798	»	
Pommes de terre frites.....	362	914	4,082	
7e Matin.				
Potage purée Crécy........	442	441	4.164	
Civet de lapin.............	3,276	1,487	1,638	
Purée de pommes de terre.	415	676	4,165	
Soir.				
Potage oseille et vermicelle.	321	494	2,440	
Ragoût de bœuf fermière..	2,597	2,090	2,731	
Pois frais au lard..........	441	551	2,109	
8e Matin.				
Croûte au pot.............	548	78	4,008	
Porc rôti.................	1,332	3,877	»	
Choux rouges à l'alsacienne.	622	829	8,936	
Soir.				
Soupe à l'oignon..........	590	512	4,885	
Ragoût de mouton aux légumes.................	2,628	1,939	3,151	
9e Matin.				
Potage tapioca............	211	35	3,487	
Bœuf bouilli..	2,306	1,642	»	
Pommes de terre frites....	362	914	4,082	
Soir.				
Potage oseille et vermicelle.	321	494	2,440	
Bœuf sauce charcutière....	2,403	2,133	543	
Riz Pilaff....	432	763	4,233	
10e Matin.				
Potage Parmentier...,.....	555	665	3,790	
Ragoût de bœuf hongroise.	2,680	2,118	3,055	
Fromage de Gruyère.......	685	609	62	
Soir.				
Pot-au-feu..............	548	78	4,008	
Porc rôti.................	1,332	3,877	»	
Salade de pommes de terre.	329	920	3,784	
TOTAUX...	67,194	65,472	155,513	
Pain, sucre..............	46,845	6,412	360,502	
TOTAUX GÉNÉRAUX....	114,039	71,884	516,015	

TABLEAU Nº 2.

(Ce tableau n'est qu'un simple exemple.)

2ᵉ *dizaine*.

	ALBU-MINOÏDES.	GRAISSES.	HYDRO-CARBONES.	OBSERVA-TIONS.
1ᵉʳ *Matin*.				
Julienne au riz............	310	510	2,620	
Bœuf rôti................	2.307	1,798	»	
Pommes purée............	415	676	4,165	
Soir.				
Potage croûte au pot.......	518	79	4,008	
Ragoût de bœuf à la hongroise	2,680	2,118	3,055	
Fromage de Gruyère.......	685	609	62	
2ᵉ *Matin*.				
Soupe aux choux et aux pommes de terre........	555	73	4,131	
Ragoût de porc aux céleris-raves..................	1,570	3,899	1,591	
Salades cuites aux pommes de terre.................	234	375	2,077	
Soir.				
Potage oseille et vermicelle.	321	494	2,440	
Bœuf sauce piquante......	2,407	2,012	776	
Pommes maître d'hôtel.....	424	495	3,738	
3ᵉ *Matin*.				
Haricot de mouton........	2,802	1,474	4,835	
Fromage de Gruyère......	685	609	62	
Soir.				
Potage parisien...........	544	514	4,381	
Bœuf sauce piquante......	2,407	2,012	776	
Navets paysanne..........	443	625	3,144	
4ᵉ *Matin*.				
Soupe à l'oignon...........	590	512	4,885	
Ragoût de bœuf hongroise.	2,680	2,118	3,055	
Soir.				
Potage potiron champenoise	306	494	2,554	
Gibelotte lapin ménagère...	3,336	1,491	2,772	
Choux braisés.............	529	816	2,546	
5ᵉ *Matin*.				
Potage tapioca............	211	35	3,487	
Colin boulangère..........	2,480	598	2,436	
Choucroute braisée........	513	2,249	2,553	
Soir.				
Soupe antiboise............	262	597	2,511	
Bœuf sauce Robert........	2,515	2,038	1,621	
Pommes de terre frites.....	362	914	4,082	
A reporter...	33,151	30,233	74,363	

	ALBU-MINOÏDES.	GRAISSES.	HYDRO-CARBONES.	OBSERVA-TIONS.
Report...	33,151	30,233	74,363	
6e Matin.				
Potage velours............	446	969	2,551	
Bœuf rôti.................	2,307	1,798	»	
Purée de pommes de terre.	415	670	4,165	
Soir :				
Potage parisien...........	544	514	4,381	
Œufs à la tripe...........	1,876	1,785	2,373	
Navets à la paysanne.......	443	625	3,144	
7e Matin.				
Potage croûte au pot......	548	78	4,008	
Bœuf braisé à l'ancienne...	2,732	2,552	3,935	
Soir.				
Potage oseille et vermicelle.	321	494	2,440	
Bœuf sauce charcutière....	2,408	2,033	543	
Riz Pilaff.................	432	763	4,233	
8e Matin.				
Potage Condé.............	238	393	1,768	
Ragoût de mouton aux choux-raves	2,612	1,942	2,322	
Salades cuites aux pommes de terre.................	234	375	2,077	
Soir.				
Potage Parmentier........	555	665	3,790	
Bœuf rôti.................	2,307	1,798	»	
Choux braisés.............	529	816	2,546	
9e Matin.				
Soupe à l'oignon...........	590	512	4,885	
Porc rôti.................	1,332	3,877	»	
Purée de pois cassés.......	1,273	338	4,453	
Soir.				
Soupe paysanne pain.......	558	518	4,642	
Hachis de bœuf conserve..	2,814	1,177	1,090	
Navets paysanne...........	443	625	3,144	
10e Matin.				
Potée charcutière..........	2,066	3,565	7,120	
Fromage de Gruyère.......	685	609	62	
Soir.				
Potage Monselet..........	144	466	2,727	
Civet de lapin.............	3,276	1,487	1,638	
Choucroute braisée........	513	2,249	2,553	
TOTAUX........	65,787	63,932	150,953	
Pain, sucre...............	46,845	6,412	360,502	
TOTAUX GÉNÉRAUX.....	112,632	70,344	511,455	

TABLEAU Nᵒ 2.

(Ce tableau n'est qu'un simple exemple.)

3ᵉ *dizaine.*

	ALBU-MINOÏDES.	GRAISSES.	HYDRO-CARBONES.	OBSERVA-TIONS.
1ᵉʳ *Matin.*				
Potage Pithiviers............	630	1,178	2.548	
Bœuf bourguignonne aux carottes...................	2,514	2,114	1.865	
Salade de pommes de terre.	329	721	3,784	
Soir.				
Potage Marguery..........	04	368	2,357	
Épaule de mouton à la bonne femme..	2.615	2,354	4,413	
Fromage de Gruyère........	685	609	62	
2ᵉ *Matin.*				
Potage potiron à la champenoise.....	306	494	2,554	
Bœuf miroton.,...........	2,615	2,113	2,626	
Céleri à l'espagnole........	562	496	3,006	
Soir.				
Soupe de tomates au vermicelle......	339	414	2,557	
Œufs à la bourguignonne..	1,624	1,721	1,107	
Macaroni à la fermière.....	1,092	1,145	4.215	
3ᵉ *Matin.*				
Potage velours............	446	969	2,551	
Ragoût de mouton aux salsifis.......	2,662	1,987	1,998	
Gâteau de pommes à la ménagère..................	260	252	2,117	
Soir.				
Potage Pithiviers..........	630	1,178	2,548	
Colin à la provençale.......	2,352	603	788	
Salade grenadière.........	357	978	3,168	
4ᵉ *Matin.*				
Potage Crécy à la paysanne.	343	424	3,569	
Bœuf rôti ou rosbif........	2,307	1,798	»	
Salade panachée...........	671	950	3,827	
Soir.				
Soupe de tomates au riz...	299	418	2,604	
Bœuf bouilli..............	2,306	1,642	»	
Pommes de terre à la paysanne......	441	476	4,723	
5ᵉ *Matin.*				
Potage Condé	238	393	1,768	
Cassoulet.................	3,371	2,274	5.740	
Soir.				
Potage oseille et vermicelle	321	494	2.440	
Bœuf sauce tomates.......	2,460	1,903	1,104	
Pommes de terre à la maître d'hôte..............	424	495	3,738	
A reporter...	33,303	31,161	83,777	

	ALBUMINOÏDES.	GRAISSES.	HYDROCARBONES.	OBSERVATIONS.
Report...	33,303	31,161	83,777	
6e *Matin*.				
Potage Monselet............	144	466	2,727	
Bœuf à la bourguignonne..	2,564	2,111	2,292	
Salade de pommes de terre.	329	921	3,784	
Soir.				
Potage au vermicelle......	431	69	3,129	
Epaule de mouton à la boulangère....	1,668	2,169	3,866	
Fromage de Gruyère.......	685	609	62	
7e *Matin*.				
Potage Marguery..........	94	368	2,357	
Bœuf rôti..	2,307	1,798	»	
Purée de pois cassés.......	1,273	338	4,453	
Soir.				
Potage purée Crécy........	442	441	4,164	
Œufs à l'oseille...........	1.974	2,012	1,995	
Fromage de pays..........	508	573	130	
8e *Matin*.				
Potage velours.............	446	969	2,551	
Ragoùt de mouton au riz..	2,743	1,993	4,172	
Fromage de Gruyère.......	685	609	62	
Soir.				
Soupe tomate au tapioca ..	162	386	2,843	
Congre sauce ravigote......	2,348	1,105	542	
Haricots blancs à la bretonne.......	1,349	347	4,629	
9e *Matin*.				
Potage aux pâtes d'Italie...	460	44	3,196	
Porc rôti.........	1,332	3,877	»	
Purée de pommes de terre.	415	676	4,165	
Soir.				
Potage Condé.............	238	393	1,768	
Ragoùt à blanc............	2,705	1,672	4,146	
Gâteau de pommes à la ménagère.................	260	252	2,117	
10e *Matin*.				
Soupe de tomates au vermicelle......	339	414	2,557	
Salade de bœuf pour l'été..	3,204	2,191	5,194	
Fromage de Gruyère.......	685	609	62	
Soir.				
Soupe paysanne au riz.....	391	514	3,822	
Ragoùt de porc aux céleris-raves....	1,570	3,899	1,591	
Pommes de terre frites.....	362	914	4,082	
Totaux...	65,316	63,900	150,235	
Pain, sucre...............	46,845	6,412	360,502	
Totaux généraux....	112,161	70,312	510,737	

Paris et Limoges. — Imprimerie et librairie militaires Henri CHARLES-LAVAUZELLE